LAURENT DE BRUNHOFF

BABAR

et les quatre voleurs

Nouvelle Collection Babar • Hachette

À Célesteville-Plage, on vient de tous les coins du monde.
C'est la plus belle plage du pays des éléphants.
Babar et Céleste sont en vacances au Grand Hôtel

avec leurs enfants Pom, Flore et Alexandre. Ils font
un tour sur la promenade, le long de la mer. « Attendez-nous »,
crient Arthur et la Vieille Dame, de la terrasse.

Le soleil tape fort et les parasols sont alignés
sur la plage. On joue, on rêve, on se baigne. Babar
et Céleste sont heureux. Pourtant, la Vieille Dame
trouve qu'il y a vraiment trop de monde :
« J'adore cet endroit, mais que de bruit,
soupire-t-elle ; j'ai besoin de calme et de solitude
pour écrire mon livre. À l'hôtel, je ne peux pas ! »

«C'est tout simple, lui dit Céleste. Allez
travailler dans le phare : il n'y aura que le bruit
des vagues, les cris des oiseaux.» La Vieille Dame
est ravie et s'installe aussitôt
avec son chat, sa machine à écrire et du papier.
Babar et Céleste l'accompagnent à bicyclette.
Arthur, sur sa moto, est arrivé le premier.

Lorsqu'ils reviennent à l'hôtel, Babar, Céleste
et Arthur sont accueillis par les cris des enfants:
«On a volé le piano!... des déménageurs
sont venus le chercher en disant qu'ils en apporteraient
un autre pour le concert... ils sont partis en camion
et ne sont pas revenus!...
Personne n'a deviné
que c'était des voleurs!»
Mais Flore, toute fière,
montre le gant qu'elle a
ramassé par terre:
«Trouvons celui à qui
appartient le deuxième
gant, ce sera lui le voleur!
— Indice précieux, s'écrie
Arthur, je commence
tout de suite une enquête!»

La Vieille Dame a prévenu qu'elle ne reviendrait pas
déjeuner à l'hôtel et resterait dans le phare
jusqu'au soir. Babar et Céleste vont au marché
lui acheter tout ce qu'il faut pour un pique-nique :
des fruits, du pain et du jambon, et aussi des petits
gâteaux. Arthur, de son côté,
questionne une marchande
de gants : « Madame,
avez-vous vendu une paire
de gants comme celui-là ?
C'est le gant du voleur.
— Non, mon petit, je ne vends
pas cette marque. Mais
mon collègue Palamousse,
au Mont-Saint-Georges,
en a sûrement. Va le voir
là-bas. Il t'aidera. »

La Vieille Dame a demandé
à ne voir absolument personne
car elle écrit ses Mémoires.
Alors c'est dans un panier,
à l'aide d'une poulie,
que Babar lui fait parvenir
son déjeuner.
Arthur arrive à son tour
pour raconter le résultat
de son enquête.
« Eh bien, conclut Babar,
nous irons tous ensemble
au Mont-Saint-Georges. »

Babar emmène toute la famille en voiture,
mais Arthur, bien entendu, préfère sa moto.
Le Mont n'est qu'à quelques kilomètres. Le voici,
superbe, derrière ses remparts. « Tu sais,
dit Alexandre, à marée haute le Mont-Saint-Georges
est enfermé dans l'eau comme une île; et alors
il faut prendre un bateau pour y aller. »

Babar a garé la voiture et s'approche des remparts avec
Céleste, Pom, Flore et Alexandre. Arthur examine sa moto
pour s'assurer qu'elle est bien calée. Quelle foule! Par cars
entiers, les touristes viennent voir le Mont-Saint-Georges.

« Notre amie la Vieille Dame a bien fait de ne pas venir
avec nous, dit Céleste en riant, elle aurait détesté tout
ce toku-boku. — Et pourtant, c'est tellement beau, dit Babar,
il faut absolument lui ramener des cartes postales. »

Tout le monde se faufile dans les ruelles. Babar,
Céleste et les enfants flânent en regardant
les boutiques de "souvenirs" et les antiquaires. Arthur
a enfin trouvé Palamousse, le marchand de gants:
«Monsieur, avez-vous vendu une paire
comme celle-là?» demande-t-il à l'hippopotame.
Malheureusement, le marchand en a vendu plusieurs
et ne peut donner d'indications précises. «Mais,
ajoute-t-il, je crois bien que le dernier client
qui m'a acheté une paire comme ça était un lion.»
«Ah, se dit Arthur, voilà peut-être mon voleur.»

Pom, Flore et Alexandre sont fatigués de marcher.
Toute la famille s'assied à la terrasse d'un café
pour manger des crêpes délicieuses, spécialité
du pays. Arthur reste pensif et tout à coup remarque
à la table voisine un gros rhinocéros. « Il a une drôle
de tête, celui-là, dit-il à voix basse.
Et si c'était un des voleurs!» Mais Céleste
lui répond qu'on ne peut soupçonner les gens
sur leur mine. « Il nous faudrait d'autres indices,
dit Babar. Ah, c'est difficile d'être détective.»

Il est l'heure de rentrer, maintenant et tous redescendent
au pied des remparts... mais la voiture a disparu !
« Où est ma voiture ? s'écrie Babar. On a volé ma voiture
toute neuve !» Babar est dans tous ses états et interroge
les chauffeurs de cars.
L'un deux a vu partir
la voiture rouge
conduite par un crocodile.
« Mais non, dit un autre,
c'était un lion. »
Un troisième chauffeur
prétend avoir vu un éléphant
au volant. « Qui faut-il
croire ? se demande Babar
désemparé. Allons, il n'y a
plus qu'à revenir en car. »

Rentré à l'hôtel, Babar réunit sa famille et dit :
« Tout à l'heure, au théâtre de Célesteville-Plage,
une nouvelle statue sera inaugurée et je dois
prononcer un discours. Il y aura beaucoup de monde.
Que chacun de vous ouvre l'œil. »

Sans plus attendre,
Pom, Flore et Alexandre
vont devant le théâtre où
les décorateurs sont
en train d'accrocher
des guirlandes de fleurs.
L'un deux, un lion, passe,
un carton sous le bras.
À la main gauche il a un
gant... comme celui que Flore
a trouvé ! Est-ce le voleur ?

Pom, Flore et Alexandre, le cœur battant, sont
allés chercher Arthur : « Le lion, sur la place...
c'est lui qui a perdu un gant !... c'est lui qui a
volé le piano !... la voiture aussi, peut-être ! »
Vite ils retournent sur la place avec Arthur
qui reste en arrière et observe de loin.
Mais le lion, monté en haut d'une échelle, a mis
son deuxième gant : Non, ce n'est pas le voleur.

Quelque temps plus tard, Babar termine son discours
devant la statue recouverte d'un drap. Arthur
regarde la foule des curieux, espérant qu'un nouvel
indice le mettra sur la piste des voleurs.
Enfin Babar déclare : « Et je souhaite beaucoup
de joies aux spectateurs du Grand Théâtre de
Célesteville-Plage. » Puis, levant sa trompe, il s'apprête
à découvrir la statue. Chacun retient son souffle.

Babar tire d'un coup sec, la toile glisse...
Pas de statue! On a volé la statue!
À sa place, il y a un mannequin grossièrement
fait d'un tonneau et de quelques planches...
« Au voleur! Au voleur! crie la foule.
— Ils sont sûrement toute une bande!
— Après le piano, la voiture de Babar,
après la voiture, la statue du Grand Théâtre!
— Ça suffit! C'en est trop! Il faut les trouver! »

Arthur saute sur sa moto et fait le tour
du théâtre. Il aperçoit une auto rouge
qui part à toute vitesse ... la voiture de Babar !
Sur le siège arrière, un énorme paquet de forme
bizarre pointe en l'air ... « C'est sûrement
la trompe de la statue, je tiens les voleurs !
se dit Arthur, je ne les lâcherai pas cette fois ! »
Mais il ne peut distinguer la tête du conducteur.

Où sont-ils passés?
Au coin d'une rue, Arthur
perd la trace des voleurs.

Se trouvant sur la route
du phare, il décide de monter
voir la Vieille Dame.

Il veut lui demander
si elle n'a pas entendu
passer une voiture.

«Ah, mon cher Arthur,
tu cherches encore
les voleurs? dit-elle.

J'ai bien entendu passer une auto. Elle a dû s'arrêter par ici. »

Que se passe-t-il dans ce petit hangar ? On entend des rires, et même un piano.

Arthur s'approche sans bruit et pousse une caisse sous la fenêtre.

Il grimpe sur la caisse et glisse un œil dans le hangar... Que voit-il ?

Quatre crocodiles dansent de joie autour
de la statue déballée qui brille de tout son or!
La voiture de Babar est là, le piano aussi.
L'un des voleurs, celui qui porte le gant, s'écrie
en ricanant: «Ha! Ha! Ha! J'aurais voulu voir
la tête de Babar lorsqu'il a découvert le tonneau!
– Et maintenant, dit un autre, il ne faut pas être
en retard à notre rendez-vous sur le port.»
Arthur en sait assez et s'éloigne vite
car il veut arriver au port avant les crocodiles.

Bien caché, il les voit monter dans un bateau avec
un rhinocéros qu'il reconnaît aussitôt. C'était lui qui
mangeait des glaces au Mont-Saint-Georges! «Beau
travail, les amis, dit le rhinocéros. Voici dans cette
mallette la moitié du million promis. Vous aurez le reste
lorsque le butin sera débarqué chez moi, de l'autre côté
de la baie. Gardez le piano, puisque cela vous amuse de
jouer à quatre mains.» Arthur glisse sans bruit sur
sa petite barque et quelques minutes plus tard,
il prévient Babar. Tous deux préparent un plan…

La nuit est tombée. Les crocodiles ont déjà chargé presque tout leur butin sur un grand bateau. Ils ne font que rire et ne se doutent pas qu'Arthur et Babar les observent, cachés derrière le phare.

Soudain, sur un signe de Babar, la Vieille Dame,
restée en guetteur dans le phare, se met à crier :«Au voleur!»
Les crocodiles s'arrêtent, interloqués : « Il y a quelqu'un
là-haut! ... Ah, mais c'est la Vieille Dame !»

« Alors, la Vieille Dame ! crient les crocodiles,
tu étais venue voir le coucher du soleil ?...
Tais-toi donc, personne ne t'entendra ! Ha ! Ha !
Nous allons t'emmener avec nous sur le bateau,
tant pis pour toi, tu n'iras pas raconter
nos affaires à Babar ! » Ayant dit ces mots,
les quatre crocodiles, qui ne sont pas très malins,
se précipitent dans le phare.

Les imprudents! C'est ce que Babar attendait.
A peine sont-ils entrés que celui-ci bloque la porte.
La Vieille Dame, sans hésiter, s'assied dans le panier
vide; Arthur la fait descendre rapidement jusqu'à terre
et retire la corde: les crocodiles sont prisonniers!
Bravo! L'aventure est terminée! Arthur,
triomphant, se dépêche d'aller chercher du renfort
pendant que les quatre voleurs se lamentent.

Et le lendemain, sur la plage, chacun peut lire
dans le journal le récit des événements :

ILS SONT ARRÊTÉS !

« Découverts par Arthur et la Vieille
Dame, les voleurs, une bande de quatre crocodiles,
ont été arrêtés grâce à un audacieux stratagème
de Babar. Le courage de notre chère Vieille Dame
fait l'admiration de tous. Le chef de bande,
un rhinocéros, voulait vendre la statue et partir
en voyage dans la voiture de Babar. Les gardes-côtes
l'ont rattrapé alors qu'il tentait de s'enfuir.
Quant au vol du piano, il semble que l'idée vienne
des quatre crocodiles, qui se disent musiciens… »